48975289R00057

Made in the USA
Lexington, KY
19 August 2019